숨쉬는 흔적

류 선 희 제9시집

숨쉬는 흔적

초판인쇄 2014년 9월 1일
초판발행 2014년 9월 5일

지은이 류 선 희
펴낸이 이 길 안
펴낸곳 세종출판사

부산광역시 중구 흑교로 71번길 12(보수동2가)
전화 463-5898, 253-2213~5
팩스 248-4880
E-mail sjpl@chol.com

출판등록 제02-01-96

ISBN 978-89-6125-818-0 03810

값 10,000원

숨쉬는 흔적

류 선 희 제9시집

세종출판사

자서

겨울 창가에서
유년의 달빛이 그리워
습관처럼 흔적을 쌓으니
흔적마다
또 다른 그리움으로
내 가슴을 두드린다.

지우려고 안간힘 쓸수록
더 깊이 뿌리내리는
사랑의 흔적, 흔적들.

그리운 흔적을 남기고 떠난
동생 恩松에게
이 시집을 바친다.

2014년 가을, 두실글방에서
昭晶 柳善姬

차례

제2부

제3부

제4부

제5부

제1부

숨쉬는 흔적

침묵하거나 雅歌를 부르거나
별은 모두 흔적이다.
아무 예고 없이
천둥치고 소나기 쏟아져도
하늘 가슴에 깊숙이 박혀
쉽사리 뽑히거나 지워지지 않는
누군가의 뼈아픈 흔적이다.
하늘이 그러하듯
우리 가슴가슴에도
눈감지 못하는 숱한 흔적들이
숨을 쉬고 있다.
아플수록 더 깊이 각인되어
좀처럼 떠나지 않고
제각기 다른 빛을 뿜어내는.

사랑은 투명한 길이다

창백한 겨울 바다에
뜨겁다 못해 끓어오르는
석양의 가슴이
길 하나를 낸다.

물정 어두운 파도가
오며 가며 버릇처럼 배설한
추저분한 오물이며
늙지 않는 본능까지
삼키고 또 삼켜
눈을 감아도 보이는
투명하기 그지없는 길을 연다.

질긴 욕망의 앙금까지
죄다 풀어 녹이느라
얼마나 부대꼈으며
얼마나 들볶였을까

빈틈 한 곳 없는
완벽한 사랑이 낸 길,
별빛보다 더 반짝거려
눈이 있어도 못 보는
청맹과니에게도 훤히 보인다.

기묘한 열쇠

음표나 쉼표의 그림자는
어떤 악보에도 없다.

지혜의 心眼으로
연주자 혹은 지휘자가
음표와 쉼표 뒤에 엎드린
그림자의 고통이며 슬픔까지
온몸으로 보듬을 때
비로소
가슴과 가슴 하나 되어
영혼의 문
쉽사리 열 수 있는
명연주가 된다.

혜안이 밝은 마음눈,
그 신통력은 절대적이다.

마르지 않는 강

강은 사랑이다.
가슴에 흐르는 강,
마르지 않는 사랑이다.
설령, 강물이 강을 떠나
제자리로
다시 돌아오지 않는다 해도
흔들어대는 바람 속에서
흐늘거리는 달빛 속에서
사랑하고 사랑했던
그 그림자들,
도무지 잊을 수 없는
흔적으로 출렁거리느니
마르지 않는 강을 품은 가슴
어찌 행복하지 않으랴.

꿈꾸는 피아노

아무리 늙어도
꿈은 있다.

비록 눈요기로 놓여져
입 다물고 있지만
가슴 없는 정물이 아니다.

날개 접은 고목은
더더욱 아니니
온갖 잡동사니 얹는 선반으로
착각하지 마라

스스로는
가슴 열 수 없어
흐르지 못하는
벽 속의 구름으로 침묵할 뿐

아직도
목 비틀어지도록 인내하며
밤바다에 길을 심는
겨울 달빛 같은 그대 손길을
꿈속에서도 꿈꾼다.

꿈이 있는 것들은
늙어도 아름답다.

뿌리내리기

지상에 이미 뿌리내린 것들은
하나같이 비상을 꿈꾼다.

이끄는 대로 흐르는 것 같아도
강 또한
황홀한 노을에 흔들리고
달빛에 휘청거릴 때마다
푸른 날개를 꿈꾼다.

너덜거리는 상처
끌어안는 순간
그 어느 몸짓보다 아름답고
그 어떤 사랑보다 눈물겨운데
그대 무엇을 더 꿈꾸는가

날개 없는 것은
결코 추락하지 않느니

그 누구도 아닌
그대를 위해
외려 더 깊이깊이
뿌리내려야 할 일이다.

늪 속의 연꽃처럼.

겨울 낮달

솟구치는 분노
아무리 삼키고 짓이겨도
믿었던 도끼에 파인 상처는
눈꽃으로 지지 않는다.

스스로 얽어맨
욕망의 사슬에 갇혀
밤낮 퍼덕거리며 낚았던
부질없는 꿈,
그 숱한 꿈들 어찌 털었는가

그대가 하얗게 절규하며 토한
애증의 넝쿨은
그대 떠나도 여전히
젖은 담벼락에 널브러져 있는데

낙엽처럼 가벼운 기도
鋪道만 어지럽힐 뿐
작은 위로조차 못 되는 것을

이제라도
그대가 꿈꾸던 가슴,
영원히 돌아눕지 않을 가슴에
둥지 틀었으니
더는 피 토하지 않아도 되리.

그림자

나는 내 그림자가 두렵다.
어둠 속에서는 더 바짝 달라붙어
어디든지 따라나서는 그림자,
나보다 눈이 밝고
맑은 혼을 가져
행여 길 잃을까
밤낮으로 눈 부릅뜨고 감시하는
내 그림자가 너무 무섭다.
그러나
敵이 아닌 길잡이를
기피하거나 외면할 수가 없다.
가장 가까이서
빛과 어둠을 가려
나를 지키는.

눈꽃처럼

눈꽃이 피고 지는 것은
찰나다.

눈꽃이나
인생이나
거의 흡사하지만

눈꽃처럼
살다 가는 것은
요원한 꿈이다.

타인에 대하여

타인은 두레박이다.

내 안에 깊숙이 웅크리고 있는
존재의 의미와
삶의 궁극적인 목적을 퍼내는
소중한 두레박이다.

높낮이를 예측할 수 없는
인생의 행간을 밝히는 것은
오로지 타인을 통하여
내 안에서 건져낸
사랑과 행복의 불씨밖에 없느니

안개보다 짙은 절망,
그 단단한 벽에 부딪혀
가야할 길을 잃어도
꿈의 불씨를 위하여
두레박줄 꽉 움켜쥐고
끊임없이 퍼 올려야 한다.

이내가 드리우기 전에
누군가의 꿈을 길어주는
두레박이고 싶다.

이내가 내리니

홀로 서지도 못하는 같잖은 눈이
이젠 빛을 거부하고
아름다운 풍경과 사물을 외면하고
게다가
오랜 그림자이던
思惟의 窓마저 내치는데
추억의 벽에 갇힌 존재들을
아직도 기억하는 두 귀는
이내가 깊이 내려도
사방으로 흩날리는 음표들을
귓바퀴 속으로 모조리 끌어들여
내 안에 엎드리고 있던 그리움을
낱낱이 일으켜서
그리운 향기를 맡게 하니
그저 고마울 따름이다.

바다 속의 섬처럼

바다는
섬의 胞宮이고
언젠가 묻힐 섬의 무덤이다.

폭우가 쏟아지고
폭풍이 몰아쳐도

섬은
바다를 외면하거나
바다에게 등을 보이지 않는다.

사랑한다는 것은
참으로 사랑한다는 것은
바다 속의 섬처럼
얽히고설켜
묵묵히 사는 것이다.

아름다운 이별

바다에 다다르면
망설임 없이
제 이름 벗는 강물이듯이

대지에 엎드리면
서슴없이
제 몸 버리는 빗방울이듯이

버거워도
무겁지 않게

괴로워도
슬프지 않게.

제2부

사랑의 흔적

숲을 떠나기엔 아직 멀었는데
생생한 나뭇잎 하나
불현듯
가을새 되어 날아갔다.

끝내 아물지 않을
푸른 상처로
나무는 슬피 통곡하지만

사랑은 가도
사랑의 흔적은
결코 떠나지 않느니

아마도
못내 그리던
億山에 뿌리내렸거나

此岸에서
사뭇 꿈꾸던
찬연한 무지개가 되었으리.

사랑하는 동생을 보내며

사는 동안
때로는 푸근한 바람으로
때로는 날카로운 바람으로
가족과 이웃에게
따스한 정
골고루 나누어 주더니
느닷없이
허무한 바람으로
우리 곁을 떠난 사랑아

나름대로 십자가를 지고
외롭고 힘겨운 삶을 사느라
어깨는 얼마나 무거웠으며
가슴은 또 얼마나 아팠을까

떠난 너를 위해
무겁지 않은 기도밖에
남은 우리가 할 수 있는 것이
아무것도 없어
참으로 안타깝고 슬프다.

다시 들을 수 없는
너의 정겨운 목소리,
더는 볼 수 없는
너의 해맑은 눈빛이
그리우리라
몹시도 그리우리라

우리가 다시 만날 때까지
이젠
천상의 영원한 안식처에서
이승에서도 그랬듯이
은혜로운 소나무로
아름다운 솔향기 뿌리며
부디 행복해라
사랑하는 내 동생 일성아 .

화살기도

떠난 너를 위하여
매일매일
부리지지 않을 기도를 쏜다.

어디로 가서
어떻게 꽂힐지 모르지만
아무리 짧아도
눈처럼 순수한 기도는
빗나가거나 돌아서지 아니하고
마침내
彼岸에 닿으리니

그리운 너를 위하여
오늘도
간절한 염원 담아
화살기도를 띄운다.

떠난 뒤에야

못할 짓이다.
혈육이 벗어 놓은 흔적,
그 흔적의 뿌리까지 뽑는 일

지난한 삶의 행간 켜켜이
먼지처럼 쌓이는 외로움
무시로
털어내고 닦아낸 도구가
오래 전에 산이 된
책과 음반 그리고 옷이었음을
떠난 뒤에야 알다니……

정녕 못할 짓이다.
아직도 푸르게 웃고 있는
너를 지우는 일.

가을 나그네

가을비 부슬부슬 오는 밤, 안식년이라서 여행 떠나기 전에 잠시 들렀다며 내게 요긴한 선물을 건네고는, 오래된 집이지만 쾌적해서 좋으니 이사 가지 말고 그냥 이 집에서 지내라며 신신 당부하더니 아무 예감도 없었는지, 멀고 먼 캐나다 로키산맥 끝자락에서 쓸쓸한 가을 나그네로 영영 돌아오지 못할 피안으로 떠나다니…… 마지막 식사는커녕 제대로 고마움을 전하지도 못했는데…….

상처

홀로 심는 상처는 없다.

너는 나에게
나는 너에게
심고 심어준 상처, 상처들.

대지에 내린 나무보다
하늘에 박힌 별보다 깊고 단단하여
좀체 흔들리지 않는
상처의 뿌리

스스로 돋아난 상처의 가지는
예리한 비수가 되어
가슴을 후비고
뼛속까지 휘젓는구나.

오-
남은 자의 부끄러움이여!
보낸 자의 悔恨이여!

침묵으로

주어진 삶
애써 갈고 닦으며 살아가더니
이순도 되기 전에
위탁자에게 되돌려 주었구나.
어디에도 적혀 있지 않은 生의 유효기간
아무도 예감할 수 없고
위탁자의 명령
누구도 거역할 수 없어
하릴없이 좇아야 하는 우리는
不祥事가 일어나도 그 뜻을 따를 수밖에,
삶의 유효기간이 끝나기 전까지
내게 주어진 모든 것
후회 없이 사랑하다
미련 없이 반환하라고
곳곳에 흔적을 남기고 간 네가
이젠, 침묵으로 가르치는구나.

바람 되기 전엔

황망하게
바람으로 날아간 이름,
상시 지니는 수첩에서도
낡아서 잘 쓰지 않는
마음의 수첩에서도
내가 바람이 되기 전에는
결코 지울 수 없는
너의 이름.

사과

사과가 치아에 좋다며
해마다 11월이면 어김없이
많이도 보내 주더니
올해는
아무리 기다려도 말이 없구나.
상자마다
가득가득 채워진 것이
사과보다 더 붉은
너의 사랑이었던 것을,
사시사철
여기저기 널린 것이 사과인데
어찌 너를 잊을까.

유별난 사랑

성가신 옛 친구를
내치지 아니하고
오래도록 도와주던 바보스러움도

가족의 건강을 염려해
얼마 이용하지도 않을 운동기구를
집집마다 배송시키던 극성스러움도

바른 길 이끌어 주려
조카도 제 자식인양
사랑과 이기를 섞어
호되게 꾸짖던 별스러움도

돌이켜보니
모두가
너의 유별난 사랑이었네.

比翼鳥

- 큰올케에게

남들보다 늦게 만났어도
서로에게 눈과 날개가 되어
산과 바다 그리고 강을 넘나들며
어여쁘게 사랑을 나누더니
神의 시샘인지
다시 비익조로 남았구나.
얼마나 애석하고
얼마나 막막했을까
짧지 않은 시간
함께 쌓았던 추억들이
또 다른 눈과 날개가 되리니
부디 주저앉지 말고
더 높이 보고
더 멀리 날아다니려무나.
그립고 그리운 사랑
다시 만나는 그날까지.

지금은

고독의 늪에서도 너는
행복한 바람이었지
비록
네 아우나 누나들이 가진
별과 달이 들락거리는
창 너른 가정은 못 가졌어도
팍팍한 삶의 계단
시지포스처럼 오르내릴 때
힘겨울 적마다
아무 거리낌 없이
누워 쉴 수 있는 집은
군데군데 있어
참으로 자유로운 바람이었지
지금 너는
어떤 바람으로
어떻게 살고 있는지…….

이제 더는

- 막냇동생에게

서로 의지하던 형을 보내고
누구보다 허전할 막내야!
지금쯤 恩松은 아마도
먼저 가신 부모님 곁에서
네가 넣어준 선물과 유품을
세세히 들여다보며,
즐겨 듣던 음악 속에서
즐겨 보던 책 속에서
못다 누린 삶
마음껏 즐기면서
산이란 산
두루 찾아다니며
우리 모두를
느긋하게 기다리고 있으리니
미덥고 든든한 막내야!
우리 더는 미안해하지 말고
더는 슬퍼하지도 말고

恩松이 오랫동안 우리에게 부어준
유별스러운 사랑과
그리운 추억들을
가슴 깊이 간직하자꾸나.

恩松: 동생 柳교수의 아호

다시 가을에

가을 문턱을 넘기도 전에
홀연히 날아간 너는 지금
어떤 별이 되어
우리를 내려다보고 있는지,
남달리 情에 물러
이따금 우리가 만날 때도
삶과 가족, 그리고 시국에 대하여
별스레 격렬한 논쟁을 벌이더니
이젠 아무리 귀 기울여도
발자국소리조차 들리지 않는구나.
저만치
또 다른 가을이 오고 있는데
가을을 얼마나 더 보내야
남은 우리가
그리운 너를 다시 만날까.

제3부

고슴도치

얼핏 보아도 온몸이 가시다.
저 있어야 할 자리
자주 망각하거나 외면한다.
걸핏하면 가시마다 일으켜
크기나 무게를 막론하고
저를 제지하는 것을 향해
닥치는 대로 마구 찔러댄다.
가시 많은 것들,
아니 몇 개라도 가시 있는 것들은
어찌 저리 오만한지
분별없이 찌른 가시
제 살 속으로
다시 박히는 줄 모르고.

자화상

성찰된 삶을 사는 것은
자화상을 그리는 것과 같다네.

성찰 또는 삶에 대한 철학적 명상은
눈만 감고 있다고
저절로 이뤄지는 것이 아니라네.

삶과 죽음,
행복과 불행에 대하여
숱한 질문을 던지고 되물으며
하나하나 조각퍼즐을 맞춰야만
램브란트의 빛나는 자화상처럼
명품인생을 완성할 수 있다네.

완벽한 자화상을 위하여
아등바등하거나 분노하지 말고
타인에게 도움 주는
고귀한 삶을 살라고 하네.

언제쯤일까
나 자신 투명하게 성찰하여
완벽한 자화상보다 더 완벽한
빛나는 자화상보다 더 빛나는
겸손한 자화상을
당당하게 보여 줄 수 있는 날.

나무도 운다

나무는 비 오는 날에만 운다.
몸 닿았던 어느 것 하나
떠나보내지 못해
비만 오면 슬피 운다.
빗방울에 눈물 감추고
빗소리에 울음 섞으며
꺼이꺼이
짙푸른 슬픔을 턴다.

나무가 우는 날엔
나 또한
슬픈 나무가 된다.

불꽃놀이

누구의 꿈인가
가슴 깊숙이 묻었던 꿈,
한꺼번에 모조리 토하면
저리 찬란한 꽃으로 피는가
엉켜있던 꿈들이
저마다
색색의 날개를 활짝 펴
멀리 또는 가까이 날아가니
이보다
화려한 외출은
그 어디에도 없으리.

댓잎

아름다운 가락은
서로 부딪히며 빚어지네.

햇살이 내려앉거나
바람이 스쳐가거나
달빛이 머무르거나

댓잎과 어우러져
꿈길로 이끄는
자장가를 빚어내니

대숲에 나들이 온 새들
연방 꾸벅이다
어느새 잠이 드네.

가로수

- 장욱진의 그림을 보고

너른 대지 위에 뿌리박고 산다는 것은,
푸른 꿈 마음껏 펼치며 산다는 것은
분명 축복이지
어른과 아이, 크고 작은 동물까지
오가며 눈인사를 하고
태양은 뜨거운 손길로
굳어진 어깨를 풀어
그늘을 드리우게 하니
이 또한 축복이지
하지만
그대는 모르리
일생, 한 곳에 못박혀 사는 것이
얼마나 따분하고
얼마나 무서운 슬픔인지.

生의 춤

저 멀리
달빛이 강물을 가르네.

하얀 드레스의 눈부신 여인이
정원의 꽃과 노래하며
두 팔 벌려
다가올 사랑을 기다리고

이미 사랑을 품은 젊은이들은
혼신을 다해 춤추며
저마다 생을 즐기네.

흥겹게 춤추며
행복을 나누는 이들에게
달은
밤 깊도록 가슴 여는데

검은 드레스의 여인은
생의 끝자락에서
달빛 아래
처연한 고목으로 서 있네.

\- 뭉크의 그림에서

청화백자

가난을 편하게 여기며
진리를 즐기는 경지에 이르고
고결한 성품을 지녔을 뿐만 아니라
자신에게는 엄격하고 인색하되
타인에게는 후하고 너그러운
조선의 선비여!

벌레

책꽂이 앞에서
책을 펴다가 깜짝 놀랐다.

책갈피를 넘기고 있는
벌레 한 마리

책을 외면하고
한눈을 파는 동안

글자마다 다 잡아먹어
포동포동 살이 쪘네.

할미꽃

지나온 세월만큼 늙은 아파트,
오래 된 둥지의 화단에서
등을 찌르는 따가운 햇살,
막무가내 밀어내는 겨울바람,
앞뒤 가리지 않고
잔인하게 쓰러뜨리는 소나기도
아랑곳없이
새로 눈뜰 씨를 심거나
스스로 일어나지 못하는
가녀린 풀꽃과 풀잎들
하나하나 일으키려
흙과 더불어 사는
단발머리 레아 할머니.

나비와 샐비어

가까이 다가가면
요염한 진홍빛 입술에 홀려
더듬이는 물론
날개까지 다 탈 것 같아
발걸음 멈추고
되돌아가는 수밖에.

봄 그리고 밤

꽃비가
가로등의 젖은 가슴을 파고드네.

별들의 속삭임이
숲의 푸른 가슴을 두드리고

달빛 소나타가
풀잎의 야윈 가슴에 쏟아지네.

이윽고
최상의 오르가슴으로
온 세상이 촉촉하네.

도시의 문

지금, 도시에는
열려 있는 문이 없다.
도시의 문은 문이 아닌 금고다.
열쇠나 비밀번호가 있어야 열 수 있고
CCTV까지 설치되어
들고나는 것 모두 찍힌다.
닫힌 문틈으로
간간이 바람만 들락거릴 뿐.
이제 우리의 도시는
걷히지 않는 비애에 잠긴
잿빛 감옥이다.

열린 문이 그립다.
열린 마음이 그립다.

사라진 것이 더 그립다

느티나무 그늘 밟으며
신나게 뛰놀던 아이들
우우우 교실 문으로 들이밀던
종소리가 그립다.

부서지는 파도 곁에서
단발머리 나풀거리며
모래톱 속살 들추어 캐냈던
조가비들의 얼굴이 그립고

기도와 사랑의 傳令으로
장대비 쏟아져도
입 다물지 않던
우체통이 그립다.

제4부

겨울 戀歌

수척한 낮달이
겨울 다 가기 전에
못다 부른 연가를 부르려
밤새 목청 가다듬었어도
마저 들어야 할 그대
겨울바람으로 날아다니거나
낙엽으로 굴러다닐 것 같아
목이 잠기고
가슴이 저려
차마 부르지 못하고 머뭇거리니
떨고 있던 겨울새가
마지못해
제 母語로 대신 부르네.

첫사랑처럼

석양의 뒷덜미가 보이는
황혼의 언덕에서도
詩는
첫사랑처럼 가슴을 흔드네.

가시 없는 꽃비로
목마른 영혼 적셔주고

온몸을 바순 달빛으로
굳은 육신 풀어주나니

나에게 시는
아득한 첫사랑까지
흔들어 깨우는 鍾이네.

가슴 속의 분신

나비나 새가 되어
가슴에 묻힌 분신은
아무 데도 날아가지 않는다.
묻히자마자 날개는 침묵한다.
가끔, 낮달에 기대어 졸거나
숲의 속삭임에 귀 기울일 뿐.
창이 아무리 끌어내도
끝끝내 자리를 뜨지 않는다.
분신이 숨을 쉬는 애잔한 가슴은
여느 가슴이 아닌
그림자 같은 무덤이다.

내 가슴에도
오래 전에 둥지 튼
분신 하나가 숨쉬고 있다.

푸른 영혼 하나

내 마음의 城에는
오래 전부터
낯익은 영혼이 들어와 산다.

작고 초라한 성,
차가운 벽 한가운데
푸른 영혼 하나가 걸린
그 순간부터
닫힌 성문 틈으로
빛이란 빛이
축복처럼 스며든다.

간혹
자정의 창가에서
영혼과 영혼이 마주 앉아
새벽이 일어나기 전까지
허연 머리카락 쓸며
켜켜이 쌓인 추억을 토한다.

오랜 세월에도
늙거나 삭지 않은
그 영혼은
너덜거리는 벽 속에서도
그리운 무지개를 끌어들여
내 마음의 성을 밝힌다.

뻐꾸기 시인

내 詩의 절반 이상을 표절하여
자기 것으로 둔갑시켜
버젓이 동인지에 실은 詩(?)를
어찌 다루어야 하나……
자식이 온갖 성형을 해도
어미는 바로 알아보는데
타인의 영혼을 훔친
끔찍한 행위
스스럼없이 저지르고도
태연하게 날아다니는
뻐꾸기 시인을
어찌 용서해야 하나…….

통증

어깨가 결리고 끊어질듯 아파서
간밤에 한숨도 못 잤다.
한계에 달해
더는 참지 못하겠는지
몸은 수시로 불협화음을 내지르는데
'석회성건염'은
병이 아닌 노화현상이라
치료약이 없다니
도리 없이
이제껏 마구 부려먹은 죄값
톡톡히 치러야할 것 같다.

유일한 재산

내겐 여러 채의 고층 빌딩이 있다.
대개 60층이 넘는다.
비록 어설프게 지어졌지만
내 분신과도 같은 詩集들은
나의 유일한 재산이다.
높으면 높은 대로
낮으면 낮은 대로
층마다 색다른 풍경이
숨을 쉬고 있다.
수익이 없어
세금과 무관하니
물려주기 수월하고
거센 태풍에도
무너질 염려 없으며
무겁지 않아 쉬이 옮길 수 있는,
게다가
돈으로는 가치 측정이 불가한
귀중한 재산이다.

내가 엄청난 부자라는 것은
나만 알지
아무도 모른다.

행복에 젖는다

세월호 참사 현장에서
열악한 상황에도
스스로
힘든 봉사를 하는 사람들,
절망의 늪에서 헤어나지 못하는
남은 가족과
이미 별이 된
가여운 영혼들을 위하여
같이 울며 아파하고
함께 기도해 주는
가슴 따뜻한 사람들을 대하니
희망의 작은 싹이 보여
분노와 悲感 속에서도
짧은 순간이나마 행복에 젖는다.

두구동 연꽃

질퍽한 수렁논에 뜬 별이다.
구멍 숭숭 뚫린 가슴,
빛깔 다른 번뇌로
깊이 박힌 상흔까지
제 그림자 펼쳐 애써 감추어도
켜켜이 새어나오는
고통의 향기
더할 나위 없이
신비롭고 향기로워
창마다 활짝 열어
늙은 두레박으로
그리운 별들을 긷는다.

두실의 여름

바람이 바람나니
속곳까지 젖은 풀과 나무들
오래된 정원에서
마냥 함묵하고 있다.

어쩌자고 매미들은
시도 때도 없이 울어대는지

窓마다 눈을 뜨면
아파트는
삽시간에 빛의 숲이 되어도

매미 울음소리에 흔들리고
고양이들의 절규에 시달리고.

작은 숲

내가 사는 아파트 후문 쪽,
오래된 시멘트 계단이 허물어지고
작은 숲이 뿌리내렸네.
온갖 새들이 하루를 깨우고
별꽃 같은 별들과
그리운 달빛이 종종 쉬어가는
아름다운 숲이 두실에 태어났네.
그 숲 중턱에
내 詩畵도 한 점 심어져
누군가의 뜨거운 눈빛을 기다리네.
도시의 숲 속에서
계단을 오르내리는 뭇 사람들,
싱그러운 나무가 되네.
향기로운 꽃이 되네.

영원한 버팀목으로

- 개교 60주년 기념 축시

해방둥이로 태어난 기쁨도 잠시
휘몰아치는 역사의 모진 바람 속에서
오로지
현모양처의 요람으로
正道를 비추는 등대로
부실한 조국의 支柱로
탄탄하게 자라온 부산여고여

비록 한 곳을 지키지는 못했으나
뿌리내릴 때마다
흔들림 없이 꿋꿋이 버티어
이젠
우리 동백인 모두에게
늘 그리운 고향이 된 모교여

지혜의 窓을 닦으며
영글대로 영근 여러 동문들이
지구촌 어디서나
소중한 초석으로 반짝이나니

얼마나 대견하고
얼마나 자랑스러운가

그러나
높이 비상하는 동백의 향기로도
치유하지 못한
이 凍土의 상처들을 어이할까

동백꽃빛 가슴 활짝 열어
해지다 못해 문드러진 상흔
어루만지고 또 어루만지다
마치 우리 어머니들처럼
등 휘어진 裸木이 되어도
사랑을 위하여
사랑을 위하여
영원히 서 있을 버팀목이여
나의 모교 부산여고여.

또 하나의 축복

- 졸업 50주년을 맞으며

황혼의 창가에서
오랜 친구들을 마주하니
또 다른 그리움으로
萬感이 출렁거리는구나.

高校 시절
교실과 교정에 심었던 푸른 꿈은
이미 고목이 되었어도
우리 가슴에 심은 동백꽃은
아직도 싱그럽고 찬연하구나.

기나긴 세월
고통의 소용돌이 속에서
가파른 生의 행간을 넘으며
오직 사랑을 위해
오르막에서나
내리막에서나
든든한 지팡이 되느라
어디 한 곳 성한 데 없어도

그리운 추억 들추며
서로 회포를 풀 수 있음은
또 하나의 축복이니
이렇게 기쁜 날
우리 모두
축배의 잔을 높이 들자.

다 벗고도 의연한 裸木들이 있어
겨울 산이 쓸쓸하지 않듯이
반백년 삭은 동창들의 향기로
우리의 황혼 또한 외롭지 않으리라.

언제 어디서나 등 뒤에 서 있는
달 같은 친구여

파도가 아무리 흔들어도 꺼지지 않는
등대 같은 친구여

지난날보다
더 무거운 안개에 짓눌리고
더 세찬 폭우에 휘둘려도

부디
별이 되는 그날까지
편히 기댈 수 있는 의자로,
길을 여는 등불로
남은 사랑 다 태우고
우리 모교의 상징인 동백처럼
부끄러운 흔적은 물론,
찬란한 흔적마저 지우자꾸나.

아름다운 마무리를 위하여
영원히 사는 별을 위하여.

제5부

피에타

의지대로 내려놓을 수 있고
덜어낼 수 있는 짐은
아무리 무거워도
고통이 아닙니다.

예수님의 시신을
십자가에서 내려
품에 안으신 성모님의 고통,
그 고통의 무게는
아무도, 어떤 기구로도
측정할 수 없습니다.

그러나 우리는
성모님의 절절한 고통을 통해
고통과 행복의 무게는
정비례한다는 것을 압니다.

* 피에타: 로마 바티칸성당에 있는 미켈란젤로의 성모마리아상

새

누구보다 먼저 눈을 떠
가장 아름다운 노래로
가장 애절한 부르짖음으로
새벽을 깨우면
그제야 세상의 모든 것들
마지못해 기지개를 켠다.
순교자의 혼인가
새벽달과 샛별
그리고 온갖 미물들까지
눈뜨게 하는 그대는.

겨울 어귀에서

사랑하는 이여
내가 지금 흘리는 눈물이
내가 지금 드리는 기도가
그대에게
미미한 위안이라도 된다면
필경
그대 가슴 사뭇 휘젓는
바람이란 바람
제풀에 지쳐 날아가고
흩날리던 꽃잎도 날개를 접어,
그대 먼저 잠들 수 있으리
이슥토록 뒤척이는
저 강보다.

雅歌

이승을 떠난 영혼들,
흰나비로 날아다니거나
낮달로 뜨거나
혹은
하얀 목련으로 피었다가
드디어
마지막 꿈인
구원의 城에서
두고 온 짝 그리며
애타게 부르는
별들의 노래.

사랑의 노래보다
더 눈물겨운 것은 없다.

새 그릇

당신의 숨결이 담긴
성체와 성혈로
육신의 마디마다
덕지덕지 붙은 삶의 배설물과
영혼을 휘젓는 탐욕의 날개,
그리고
고백소에 감춘 부끄러운 얼룩까지
말끔히 닦아내고 걷어내면
드디어
당신의 위대한 손길이 닿아
깨진 그릇이 붙어
새 그릇으로 다시 나느니
미사는
우리가 새 그릇으로 태어나는
가없는 은총이다.

칼의 노래

지혜로운 종은
날카로운 관찰을 위하여
정확한 판단을 위하여
독수리처럼
스스로 제 몸을 간다.

利己를 도려내려
욕망을 토막내려
묵상의 벽 속에서
홀로 끊임없이 칼날을 간다.

갈면 갈수록
완벽에 가까워지는 종의 칼,
낯익거나 낯설거나
모든 얼굴 앞에서
당당하기는커녕
오히려 겸손하다.

겸손한 칼의 노래는
아름답다 못해 성스럽다.

들어보라
무디어진 가슴마다 쓰러뜨려
참회의 눈물
펑펑 쏟게 하는
저 위대한 칼의 노래를.

가을 편지

- 이해인 수녀님께

나무들이 떠날 채비하는
가을 끝자락이네요.

쓸쓸해도 차분한 가을이 좋았는데
암환자 되고부터는
황홀한 선물인 봄이 더 좋아
선택할 수만 있다면
봄에 떠나고 싶다는 글월이
눈앞에 어른거리네요.

아무리 채워도 넘치지 않는
기도의 항아리에
오늘은 또
어떤 기원을 담으셨나요?

상처마다 후비던 칼바람까지
용서하고 보듬으려
낙엽들은 저리 분주한데
아름다운 이별을 위하여

우리는 이제
무엇을 준비해야 하나요?

초승달보다 미소가 고우신
클라우디아 수녀님!
수녀님을 위하여
묵주기도 한 꾸러미와
구노의 아베마리아를
가을 등에 업혀 보내오니
잠시
글방 창문을 열어 주세요.

성모님께 드리는 기도

바람이 없어도 흔들리는 저희에게
언제 어디서나
바람막이가 되시는 성모님,
저희도 당신처럼
거룩한 삶,
복종하는 삶 그리고
가난한 삶을 살고 싶습니다.

또한
인색한 자들을 용서하고
가정에서, 이웃에서 소외된 이들을
머리 아닌
가슴으로 품고 싶습니다.

기도의 탑 얼마나 쌓고
거룩한 성체
얼마나 배령하면
사랑의 눈이 뜨여
용서할 수 없는 것까지 용서하고

헐벗은 영혼까지 보듬는
축복을 누릴 수 있을까요

도와주소서.
당신의 간절한 전구로
당신의 분신인 예수님같이
온전한 평화와
영원한 생명을 얻도록
부디 도와주소서.

유묵

독실한 천주교인이었던
안중근(토마스)의사의 얼이 돌아왔네.
타국의 구천을 헤매던 넋이
한국천주교 품으로 간신히 돌아왔네.
“천주여, 포악한 놈을 무찌르게
하여 주셔서 감사합니다.” 라고 기도하고,
조선 침략의 원흉
‘이토 히로부미’를 처단한 후
뤼순감옥에 갇혔을 때
일본인에게 써준 遺墨,
하느님 공경하라는 뜻의 ‘敬天’이 돌아와
잠든 우리 가슴을 두드리네.
세차게 세차게 두드리네.

지지 않는 별

- 이태석 신부님을 기리며

척박한 오지 곳곳에
주님의 향기로운 빛을 뿌리려
사랑의 불씨
어렵사리 지펴
등대마다 심지를 일으키는
지상의 별로
고난의 파도를 넘더니,
무겁고 무거운 십자가
홀로 짊어진 채
별안간
하늘로 몸 옮겨
지상에서보다 더
반짝반짝 빛나는 별이여!

또 다른 등불을 밝히며

빈 나뭇가지마다
눈부신 축복이 내리는 이 봄날
우리 성전에
지혜와 구원을 위한 등대 하나가
새롭게 뿌리를 내렸습니다.

비록 지금은 미약하지만
머지않아
무지개처럼 한데 어우러져
더없이 영롱한 빛을 뿜어
목마른 영혼들의 쉼터가 되고
또한
아직도 주님을 알지 못하여
삶의 늪에서 허우적거리는
청맹들의 길잡이가 되어
마침내
사랑의 등대가 될 것입니다.

스스로 빛나는 등대는
그 어디에도 없습니다.

누군가 심지를 돋우어
불씨를 지필 때
비로소 등대가 눈을 뜹니다.

너를 위해 일으킨 불씨가
곧 나를 위한 등대가 되나니

문화의 등불 속에서
투명한 지혜를 건져
더욱 성숙한 신앙인이 되고
선교의 불빛으로
짊어진 십자가의 무게를 녹여
구원의 지름길
쉬이 찾을 수 있다면
은총 중의 은총일 것입니다.

이제 우리는
<남산문화선교센터>가 뿜어낼
찬란한 등댓불이
우리 모두의 가슴 속에서

영원히 꺼지지 않고
활활 타오르도록
그 어떤 바람이 흔들어도
성모님처럼 겸손하게 엎드려
뜨거운 기도와 정성어린 손길로
사랑의 불씨를
은혜의 불씨를
지피고 또 지펴야겠습니다.

우리 모두의 꿈인
주님의 성으로 들어가는 길
환히 밝힐 수 있도록

- 「남산성당문화선교센터」개원 축시

영혼을 위한 소나타

파리에서 음악회를 준비하던
피아니스트 백건우 씨가
세월호 참사 소식을 듣고
도무지 화를 참을 수 없어,
아무것도 할 수 없는 무력감을 느껴,
모국으로 건너와
세월호가 끝내 못간 제주항에서
잔인한 바다에 무참히 잠긴
불쌍한 영혼들을 위하여,
살붙이를 잃고
피눈물을 흘리는 가족을 위하여
혼신을 다해 연주한
베토벤의 '비창'소나타 2악장.

死生觀에 대하여

- '세월호' 참사를 보고

죽음의 공포 앞에서는
살고 싶은 것이 인간의 본능이지만
나부터 살자고
타인의 죽음을 팽개치고
배를 버리고, 양심을 버린
그 선장에 그 선원들,
모조리 살았어도
이미 죽은 몸이다.

봄에 떠나 여름 가도록
돌아오지 않는 이름
애타게 부르며
生과 死가 공존하는 생지옥을
떠나지 못하는 피붙이의
처절한 통곡소리를 들어야 하는
우리 또한
살아도 산 것이 아니다.

하지만
사생관이 전혀 달라
나 아닌 다른 생명을 위하여
내 구명조끼를 넘겨주고
죽음의 바다에 스스로 묻힌
양사무장, 박승무원 그리고
의로운 학생들과 선생님들은
죽어도 죽지 않고
누군가의 가슴 속에
영원히, 영원히 살 것이다.

성모성월을 보내며

- 성모의 밤에

올해도
환희, 고통, 영광, 빛의 신비를
번갈아 바치며
성모님의 향기에 취하다 보니
어느새 오월의 끝자락입니다.

성모님 당신은
간절히 애원하는 우리의 기도
놓치지 않으시려
가장 낮은 곳에 계시고
삶에 시달려 힘겨워하는
우리의 영혼까지 보듬으시려
항시 가슴 닫지 않으시니
정녕
사랑의 모후이시며
구원의 전구자이십니다.

어느 사랑이 이보다 더 눈물겹고
어느 징검다리가
이보다 더 튼실하겠습니까

사랑한다는 것은
허기지고 괴로워하는 이들에게
몸과 마음을 아낌없이 다 주고
꼴베 신부님같이
십자가를 대신 짐으로
또 다른 예수가 되는 일일진대

언제쯤이면
믿음의 눈이 뜨여
타인의 고통이 보일까요

향기 없는 사랑은 없습니다.
빛이 없는 사랑도 없습니다.

성모 마리아여!
당신의 너그러운 사랑으로
우리 빈 가슴을
주님의 빛과 향기로 채워주시어
태양이 그러하듯
어둠을 모조리 쓸어내고
바다가 그러하듯
바람까지 용서하게 하소서.

그리하여
겸손하고 가난한
신앙인으로 살게 하시어
우리가 꿈꾸던 성문으로
쉬이 들게 하소서.